# CÓMO FUNCIONA EL SISTEMA DE VOTACIÓN

T0022620

**KATHRYN WESGATE**
TRADUCIDO POR ROSSANA ZÚÑIGA

Gareth Stevens
PUBLISHING

ENCONTEXTO

**Please visit our website, www.garethstevens.com. For a free color catalog of all our high-quality books, call toll free 1-800-542-2595 or fax 1-877-542-2596.**

**Library of Congress Cataloging-in-Publication Data**
Names: Wesgate, Kathryn, author.
Title: Cómo funciona el sistema de votación / Kathryn Wesgate.
Description: New York : Gareth Stevens Publishing, 2021. | Series: Conoce las elecciones de Estados Unidos | Includes bibliographical references and index. |
   Contents: Use your voice! — Who can vote? — Get registered! — Where
   to vote — Follow the rules — Multiple methods — Picking a party —
   Choosing a candidate — Counting the votes — Get ready to vote!
Identifiers: LCCN 2019049339 | ISBN 9781538260579 (library binding) | ISBN
   9781538260555(paperback) | ISBN 9781538260562 (6 Pack) | ISBN 97815838260586
(ebook)
Subjects: LCSH: Voting—United States—Juvenile literature. |
   Elections—United States—Juvenile literature.
Classification: LCC JK1978 .W47 2020 | DDC 324.6/50973—dc23
LC record available at https://lccn.loc.gov/2019049339

First Edition

Published in 2021 by
**Gareth Stevens Publishing**
111 East 14th Street, Suite 349
New York, NY 10003

Translator: Rossana Zúñiga
Editor, Spanish: María Cristina Brusca
Editor: Kate Mikoley

Photo credits: Cover, pp. 1, 29 Hill Street Studios/Digital Vision/Getty Images; series
art kzww/Shutterstock.com; series art (newspaper) MaryValery/Shutterstock.com; p. 5
PureRadiancePhoto/Shutterstock.com; p. 7 YinYang/E+/Getty Images; pp. 9, 13, 15, 17, 23
Hero Images/Getty Images; p. 11 Layland Masuda/Shutterstock.com; p. 19 Joseph Sohm/
Shutterstock.com; p. 21  Burlingham/Shutterstock.com; p. 25 Diane Macdonald/Moment
Mobile/Getty Images p. 27 Drop of Light/Shutterstock.com.

Printed in the United States of America

Some of the images in this book illustrate individuals who are models. The depictions do not
imply actual situations or events.

CPSIA compliance information: Batch #CS20GS: For further information contact Gareth Stevens, New York, New York at 1-800-542-2595.

Find us on

# CONTENIDO

Las palabras del glosario se muestran en **negrita** la primera vez que aparecen en el texto.

# ¡USA TU VOZ!

Es probable que hayas votado antes, tal vez para elegir al presidente de la clase o adónde ir a cenar. Las elecciones para elegir a los gobernantes de Estados Unidos pueden ser diferentes a las votaciones en las que has participado, pero una cosa es segura: votar permite que las personas hagan oír su voz.

## SI QUIERES SABER MÁS

Una elección es el acto de votar por alguien para una posición gubernamental. Las elecciones pueden funcionar de manera diferente dependiendo de quién o para qué son.

# QUIÉN PUEDE VOTAR

Para votar en una elección estadounidense, debes ser **ciudadano** de Estados Unidos. También debes tener, al menos, 18 años de edad el día de las elecciones. En todos los estados, excepto en Dakota del Norte, también debes estar registrado oficialmente para votar.

# ¡A REGISTRARSE!

Tal vez seas muy joven para votar ahora, pero puedes aprender cómo funciona el sistema de votación. Además, algunos estados te permiten registrarte antes de los 18 años. No podrás votar, pero puedes registrarte ¡y estar listo para votar cuando cumplas los 18 años!

## SI QUIERES SABER MÁS

Pídele a un adulto de confianza que te ayude a buscar en Internet cuándo tu estado te permite registrarte para votar. ¡Podría ser a los 16 o 17 años!

Los residentes de Washington D.C., y de 38 estados más, pueden registrarse por Internet. En otros estados, deben completar un formulario y enviarlo por correo. También pueden registrarse en la oficina electoral estatal o local y otras oficinas públicas. El sitio de Internet vote.gov tiene indicaciones sobre cómo registrarse en cada estado o **territorio**.

## SI QUIERES SABER MÁS

Los ciudadanos estadounidenses, que viven en la mayoría de los territorios estadounidenses, no pueden votar por el presidente. Solo pueden votar en elecciones locales y elecciones donde se decide quién se postulará para presidente.

Aunque estés registrado para votar, debes asegurarte de que tu **información** esté actualizada. Por ejemplo, si te mudas debes cambiar tu información en los registros. Pero si te mudas a un nuevo estado, deberás registrarte en ese estado.

# SI QUIERES SABER MÁS

Algunos estados eliminan de sus registros a las personas que no han votado durante algún tiempo. Si deseas votar, debes verificar tu inscripción con anticipación.

13

# DÓNDE VOTAR

Dependiendo de dónde vivas, es recomendable que te registres con anticipación, al menos con un mes antes del día de las elecciones.

Una vez que estés registrado, necesitarás saber a dónde ir a votar. Este lugar se llama lugar de votación.

## SI QUIERES SABER MÁS

Si vives con una persona que ya está registrada, es
probable que sepa dónde está el lugar de votación.
Pero el lugar puede cambiar. Los electores deben
verificar su lugar de votación antes
de cada elección.

Ballot Box

# SEGUIR LAS REGLAS

Las reglas electorales son

a menudo diferentes entre

estados. Algunos requieren

que los electores muestren

una **identificación** en el lugar de

votación. En otros, los oficiales

pueden verificar que tu **firma**

coincida con la que tienen en

sus archivos.

## SI QUIERES SABER MÁS

Las reglas también son diferentes entre aquellos estados donde solicitan identificación. Algunos requieren que la identificación tenga foto. En otros, pueden aceptar una factura con su nombre.

17

# VARIOS MÉTODOS

Los estados eligen como registrar los votos de sus electores. Algunos estados les piden a los votantes que completen sus respuestas en unas formularios llamados papeletas. Estas se pueden parecer a una página de examen donde debes rellenar ciertos casilleros para dar tus respuestas.

## SI QUIERES SABER MÁS

En algunos estados los electores usan máquinas especiales con botones o pantallas táctiles. Graban los votos directamente en una computadora.

# ELEGIR UN PARTIDO

La parte más importante de votar, y a veces la más difícil, es la de elegir a quién darle nuestro voto. En Estados Unidos tenemos un sistema bipartidista. Esto significa que la mayoría de los votantes eligen a sus **candidatos** de entre uno de los dos principales **partidos políticos**: Demócrata o Republicano.

## SI QUIERES SABER MÁS

Puedes elegir a qué partido quieres pertenecer cuando te registras para votar, pero no es necesario hacerlo. Puedes cambiar de partido político a lo largo de toda tu vida.

21

# ELEGIR UN CANDIDATO

Antes de unirte a un partido o decidirte a **apoyar** a algún candidato, siempre debes investigar un poco sobre ellos. El candidato que gane tomará ciertas decisiones cuando trabaje en su cargo. Necesitas saber quién es el candidato y qué defiende o representa para saber si estás de acuerdo con él en los temas importantes.

En un debate los candidatos responden preguntas y hablan sobre los cambios que pueden hacer si son elegidos. Mirar un debate es una excelente forma de saber si estás de acuerdo con un candidato.

Puedes leer sobre los candidatos en Internet o en un periódico. Las guías para los votantes listan a los candidatos y te informan lo que desean hacer en el cargo al que se postulan. También pueden informarte sobre los trabajos anteriores que tuvieron los candidatos y que tienen que ver con el cargo al que se postulan.

ATIVE IN CONGRESS
DISTRICT 6
(Vote for One)

Ron DeSantis

David Cox                    REP

                             DEM

GOVERNOR AND LIEUTENANT
GOVERNOR
(Vote for One)

Rick Scott
Carlos Lopez-Cantera         REP

Adrian W...
G...

Farid Khav...
Lateresa...

Glenn Burkett
Jose Augus...

Write-in

ATTORNEY GENERAL
(Vote for One)

Pam Bondi

George She...

Bill Wohlsifer

FINANCIAL OFFICER
(Vote for One)

Shall Ju...
District ...
office?

Y

NO

DISTRIC

Shall Judge K...

## SI QUIERES SABER MÁS

También puedes encontrar papeletas de muestra
para saber cómo es una real. Así podrás saber
lo que te espera cuando llegues a tu lugar de
votación.

# CONTAR LOS VOTOS

La manera en que se elige al ganador depende de la elección. En algunas elecciones el ganador se elige mediante el voto popular. Es probable que así hayas votado antes. El voto de todos cuenta por igual y la persona que obtiene más votos gana.

## SI QUIERES SABER MÁS

Los miembros del Congreso, así como
los líderes en muchos puestos locales y estatales,
son elegidos mediante el voto popular.

El voto popular no decide quién será el presidente o el vicepresidente, el Colegio Electoral lo hace. Cada estado tiene una cantidad de votos electorales según la cantidad de personas que viven allí.

Los electores del partido que gana el voto popular son quienes pueden votar al presidente y vicepresidente. Sus votos deciden a la pareja ganadora.

## SI QUIERES SABER MÁS

El Colegio Electoral se estableció con
la **Constitución de Estados Unidos**. Se consideró
como un **compromiso** entre tener un voto
popular o un voto en el Congreso
para elegir al presidente.

# ¡PREPÁRATE PARA VOTAR!

Puede que seas demasiado joven para votar ahora, pero puedes prepararte para cuando seas mayor. También puedes ayudar a otros a entender lo importante que es votar, haciendo lo siguiente:

- Pregunta a los adultos, que están a tu alrededor, si están registrados para votar y si planean votar en las próximas elecciones.

- Averigua en tu localidad, cuántos años tienes que tener para registrarte para votar.

- Examina una muestra de la papeleta para votar en el área donde vives.

- Averigua sobre los candidatos que se postulan a las elecciones.

- Haz una lista de temas que realmente te interesen. Analiza con qué candidatos estás de acuerdo.

# GLOSARIO

**apoyar:** estar de acuerdo con alguien y ayudarlo.

**candidato:** persona que se postula para trabajar en un cargo.

**ciudadano:** persona que vive legalmente en un país y tiene ciertos derechos.

**compromiso:** forma en que dos partes llegan a un acuerdo y cada parte renuncia a algo para terminar una discusión.

**Constitución de Estados Unidos:** escrito que establece las leyes fundamentales del país.

**firma:** nombre de una persona escrito con su propia letra.

**identificación:** documento que muestra quién es una persona y tiene su nombre y otra información.

**información:** conocimiento sobre hechos, ideas, creencias, etc.

**partido político:** grupo de personas con creencias e ideas similares sobre el Gobierno que trabajan para que sus miembros sean elegidos para ocupar cargos gubernamentales.

**territorio:** área de tierra que es parte de Estados Unidos, pero no es un estado.

# PARA MÁS INFORMACIÓN

## LIBROS

Conley, Kate. *Voting and Elections.* Minneapolis, MN: Core Library, an imprint of ABDO Publishing, 2017.

Nelson, Kristen Rajczak. *How Do People Vote?* New York, NY: PowerKids Press, 2019.

## SITIOS DE INTERNET

### How Voting Works

*www.ducksters.com/history/us_government_voting.php*
Descubre más, en este sitio de Internet, sobre cómo funciona el sistema de votación.

### Presidential Election Process

*www.usa.gov/election*
Mira un video y una infografía para aprender cómo funcionan las elecciones presidenciales.

**Nota del editor para educadores y padres:** nuestro personal especializado ha revisado cuidadosamente estos sitios de Internet para asegurarse de que sean apropiados para los estudiantes. Muchos sitios de Internet cambian con frecuencia, por lo que no podemos garantizar que posteriores contenidos que se suban a esas páginas cumplan con nuestros estándares de calidad y valor educativo. Tengan presente que se debe supervisar cuidadosamente a los estudiantes siempre que tengan acceso a Internet.

# ÍNDICE